美しいセダムの寄せ植え

MAi

X-Knowledge

木立ちをシンボルツリーに見立てた箱庭

箱庭　@mssucculent

ツナ缶も手を加えて寄せ植えの土台に

ツナ缶　@000mai000

色も大きさも違うたくさんのセダムで寄せ植え

ちまスイーツ鉢　@orz_nitoro
シュガー鉢・クリーム鉢　@ochoboo

完成した寄せ植えの写真を撮る楽しみも　　　　　　　　　　　　　　　　モンキー抱っこ缶　@blanca.029

セダムとは：ベンケイソウ科マンネングサ属の多肉植物です。丸くて小さなフォルムと鮮やかな色合いが特徴で、寄せ植えに使う園芸植物として広く愛されています。

第1章

MAiちまちま寄せコレクション

本書のタイトルにもある、ちまちま寄せ作品の一部をご紹介します。難しそうに見えますが、30分ほどで作れてしまうものもあり、初心者～上級者まで、幅広い層の方にお手本にしていただけるはずです。

ちまちま寄せコレクションの見方

写真 ・・・ 作品を作ったら必ずといっていいほど行うのが撮影です。角度や配置など、写真を撮る際の参考にしてみてください。

〈　〉・・・ 制作にかかる平均的な時間です。経験などにより個人差があります。難易度の目安にしてください。

土台と作家名 ・・・ 土台となる器や鉢と、制作された作家さんの、Instagramアカウント名です。気になる方はInstagramをチェック！（一部販売終了品あり）

1

2

3

4

アイスそっくりな寄せ植え

1のように赤系で統一すればストロベリーアイスのようにも見えます。2・3では
様々な色のセダムを組み合わせて、カラフルで可愛いアイスに仕上げました。
4では、エケベリアをメインに、セダムをトッピング。

〈1時間〉　アイスコーン　@mimomi1520

丸みのあるスプーンに小さなセダムを

ポイントはスプーンの外側にはみ出さないようにすること。数センチのスペースに寄せるため、大きい粒のセダムは使わずに小粒のセダムで揃えると、ちまちま感がアップします。

〈40分〉 スプーン @katosuubutsu

アルファベットモチーフはやっぱり可愛い

アルファベットの輪郭がぼやけないように寄せるのがポイントです。アルファ
ベットによってかかる時間は違いますが、まずはご自身のイニシャルから始め
てみては？（詳しい作り方→p.40）

〈1時間30分〉　アルファベットリース　@leaf_garden_you

麻ひもで編んだリースは雰囲気バツグン

麻の場合は目が細かいので、直接土を入れてOK。ぎっしり詰まっているように
見せるために、リースの大きさに合わせて使うセダムの粒の大きさを変えて寄
せるのがポイントです。
〈30分〉 麻ひもリース　@kazu_kazu_1228

多肉のために作られた鉢ならお世話も簡単

pots鉢は多肉植物の寄せ植えをするために作られた鉢です。そのため、可愛い
だけではなく管理もしやすいというメリットがあります。可愛くデザインされた
縁が見えるよう、セダムはなるべく平らに寄せましょう。

〈1時間20分〉 ハートpots鉢 @shigeru_maruyama

スタンダードな鉢への寄せ植えは山型がおススメ

鉢に寄せる場合、横から見てもセダムが見えるように土を盛ってドーム状にするのがポイント。高く盛れば盛るほど難易度は上がりますが、その分写真映えのする寄せ植えになります。鉢のサイズは2号までがおすすめです。

〈1時間30分〉　たにくま　@yumi.kame

1

2

3

4

まるでカラフルな屋根のよう

お家のようなリメイク缶が土台。丸く山型に寄せれば、まるで屋根のようにも見えます。1では煙突をイメージして木立の大粒セダムや0.5号鉢をプラス。どんな屋根にしようかと考えながら寄せると、もっと楽しめること間違いなしです。
〈1時間30分〉　ちまラボちびーズ　@myset.i

雰囲気たっぷりの本は、あえてナチュラルに

アンティークな雰囲気に合わせて、セダムはあえてきっちり揃えずに寄せました。縁にリトルミッシーや伸びているセダムを入れることで、まるでそこから生えてきたような、自然な寄せ植えに仕上がります。
〈1時間20分〉 遺跡ブック @roza_kazu

017

想像力がかきたてられるカラフルなお庭

　三角屋根の小さなお家に伸びる、レンガの小道。両脇に広がるのは色とりどり
のセダムが鮮やかなお庭です。自分が小さくなって歩くのを想像しながら、
寄せました。奥に向かって高さを出すことで、奥行きを演出したのがポイント。
〈1時間〉　箱庭　@beans.club

大きなエケベリアと小さなセダムのコラボ

寄せ植えのスペシャリスト@kurumilepetitjardinさんによる、エケベリア(→
p.80)を使った豪華な箱庭に、ちまちまコンテナを配置したコラボ作品。
〈40分(コンテナのみ)〉　箱庭　@miyu165

IMA CHIMA
SUCCULENT

ぷっくりとしたフォルムに、高さを出した寄せ植えを

星形のクラッスラをポイントにしつつ、中央が高くなるように寄せました。シンプルな色合いのオムレットに、トリカラーを多めに使うことで鮮やかな仕上がりに。ちょろんと垂らしたグリーンネックレスもポイントです。
〈1時間30分〉 オムレット鉢 R.I.P. @buchi0511

サボテンを使ってジャンクな雰囲気に

サボテンとちまちま寄せを組み合わせた作品です。サボテンから位置を決めて
寄せること、リメ缶にココヤシファイバーを合わせることがポイントです。
（詳しい作り方→p.42）
〈1時間10分〉　サボちまお家缶　@pukupuku_diary

小さな小さなクリスマスツリー

ちまちま寄せで通常使用する2号鉢よりもさらに小さい、1号鉢です。中心に
針金が入っているため、ツリー型に寄せることができます。ツリーのような形
にするのが難しく、作業も細かいため難易度は高め。
〈1時間〉 1号クリスマスツリー @kurumilepetitjardin

クリスマスツリーの足元にはカラフルなプレゼント

クリスマスツリーの下に、色とりどりのプレゼントが置かれているイメージで作りました。クリスマス風の飾りつけということで、グリーンネックレスやココヤシファイバーを使ってとにかく華やかに、賑やかに、仕上げましょう。
〈1時間15分〉　クリスマス缶　@pukupuku_diary

小人が住んでいそうなお家の屋根はとにかく可愛らしく

森の中にある小さな切り株のおうち。どんぐりの街灯に照らされた屋根を彩る
のは、カラフルなセダムたちです。可愛らしい雰囲気を出すために小さめの
粒で揃え、グリーンネックレスで動きをつけました。
〈50分〉 切り株のおうち @happy.tanikuday

今にもセダムがあふれ出しそうな猫足缶

アンティークな猫足缶を使うときは、あふれ出すように、高めに盛った土の縁ま
でぎっしり寄せるのがポイントです。ポイントに木立ちの乙女心を使って、
ふんわり可愛い寄せ植えに仕上げました。
〈1時間20分〉　ねこあし缶　@vert.365mailifedesign

肉厚なセダムでおいしそうな寄せ植えに

リメイクしたスキレットに、ぷっくり肉厚なセダムを寄せて、美味しそうな
イメージに仕上げました。今回使用したのは、レッドベリー、ビアホップ、
マジョール、姫秀麗、ダシフィルムなど。
〈1時間10分〉 スキレット　@botan.29

イチゴのような小粒の虹の玉がポイント

ストロベリーケーキをイメージした2段の寄せ植えです。上段を後方に寄せて
配置すると、1段目のスペースが取れて寄せやすくなります。ロウソク型のステ
ンドグラスピック（@naho81078）がポイント。

〈1時間30分〉　ストロベリーケーキ　@loverotto

風車に続く小道をセダムで再現

丘の上の風車をイメージした土台に、セダムで小道をつくりました。小道は鮮や
かなグリーンのセダムで表現し、サイドはカラフルなお花畑のように仕上げて
います。

〈1時間〉 風車 @jewelgarden_aco

セダムを使った華やかなミニブーケ

色とりどりのセダムを花に見立て、外側に広がる花束をイメージした作品です。
本物の花束同様、いくつか大きめの粒を使うと、花束らしさが出ます。
〈1時間〉 花束ブーケ @jewelgarden_aco

サボテン型のウッドプランターでサボちま寄せ

動きのある可愛いサボテン型の器でサボちま寄せをつくりました。花の咲いた
サボテンが、帽子のようにも見えます。ちいさいセダムを使うことで、段差のあ
る緑を引き立たせます。

〈1時間30分〉　ランバーサボテン　@orz_nitoro

コンクリートとセダムのコントラストが美しい

無機質なコンクリート鉢に、カラフルなセダムをぎゅっと寄せました。グリーン
ネックレスを添えることで、ナチュラルな可愛らしさも演出できます。
〈1時間〉 鳥かごコンクリ鉢　@taniku.ra

第2章

ちまちま寄せの基本ステップ

ちまちま寄せを実際に作ってみましょう。この章では基本的な作り方や
簡単なアレンジ方法、お手入れの仕方まで詳しく解説していきます。

ちまちま寄せの魅力

まず、皆さんに知っていただきたい、ちまちま寄せの魅力を紹介します。

1. 老若男女問わず楽しめる

寄せ植え作業は簡単で、小さなお子様から高齢の方まで、世代に関係なくみんなで一緒に楽しむことができます。ひとりで楽しむもよし、親子で楽しむもよし、友人同士で楽しむもよし、様々な楽しみ方ができるでしょう。

2. 達成感が得られる

ちまちま寄せは、どんな物にでも寄せられるので、何に植えようか考えるのも楽しみのひとつです。ちまちま寄せをするときは集中力が必要ですが、日常のいろいろを忘れ没頭でき、頭がすっきりすることも。できあがったときは達成感を得ることができます。

3. 出来上がってからも楽しめる

寄せ植えが完成したら、写真を撮影してみましょう。撮影場所や天気などによって、様々な顔を見せてくれるちまちま寄せ。SNSで共有することで、寄せ植えの世界がさらに広がります。写真を撮り終わってからも、庭やベランダに飾り、お世話をすることでより愛着が湧くはずです。

ちまちま寄せの基本

寄せ植えを始める前に、まずは道具を準備しましょう。
ちまちま寄せに必要なものはたったの6つだけです。

セダムの苗：ちまちま寄せの主役たち。色とりどりの苗を4〜5種類準備しましょう。

ピンセット：ちまちま寄せは小さくカットしたセダムを寄せるため、細かい作業はピンセットで行います。

園芸用はさみ：セダムをカットするのに使用します。園芸用のはさみがなければ、普通のはさみでも大丈夫です。

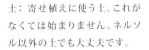

土：寄せ植えに使う土。これがなくては始まりません。ネルソル以外の土でも大丈夫です。

鉢：ちまちま寄せの土台になるものを準備しましょう。初心者の方は小さめがおすすめ。

鉢底石：鉢の底に敷く石です。水はけをよくするために必要です。

セダムの選び方

ちまちま寄せに使うセダムは、ひとつひとつの粒があまり大きくないものを選びます。基本的なちまちま寄せの場合、色の幅があったほうがカラフルになるので、①赤系、②黄色系、③青系、④緑系の4種類を、最低限揃えるようにするとよいでしょう。お店で選ぶときのポイントは、葉に張りがあって元気の良さそうなもの。

土の選び方

はじめはネルソル（固まる土）を使うことをおすすめします。ネルソルが接着材の役割をするので、苗を挿したときに安定しやすく、こんもりとした山型も成型しやすいからです。ネルソルでなくても、鹿沼土の細粒のような細かい土を濡らして使っても大丈夫です。栄養のありすぎる土だと、寄せ植えしてすぐにすくすくと伸びてしまい、ちまちま寄せならではのかわいさを維持できなくなってしまいます。

鉢の選び方

タニラー（多肉植物が好きな人）にとって、鉢は切っても切れない関係です。かわいい鉢があるから植えたい！ この鉢にはあれを寄せようかな・・・などと、鉢はモチベーションを上げるための、重要な役割を果たしてくれているともいえるでしょう。多肉植物に特化した鉢の作家さんから購入しても良いですし、自分で鉢や空き缶をリメイクするのも楽しみのひとつ。リメイク缶もそうですが、100均で売っている雑貨やお皿などを鉢として使う際は、必ず底に穴を空けて水が排出できるようにしましょう。

ちまちま寄せの基本として、初心者でも寄せ植えがしやすい、
2号鉢を使ったちまちま寄せの手順を紹介します。

1
ネルソルの準備
✽

ネルソルに水を入れてスプーンで混ぜます。水の量は、ネルソルの量に対して半分が目安。ちまちま寄せの場合、小さくて細い茎を挿すので、パッケージの表示による「ネルソル10：水4」よりも緩めに作ります。よく混ぜたら、しっかり粘りが出るまで、そのまま20分ほど待ちます。

2
セダム苗をカットする
✽

ネルソルの粘りを待つ間に、使いたい苗の頭の部分をカットします。ネルソルに挿す部分は葉がついたままだと挿しにくいので、茎が5～10mmくらい出るように、下のほうに生えている葉は、手で捻るようにして外しておきましょう。

3
鉢に鉢底石を入れ
その上からネルソルを入れる
✽

鉢に鉢底石や大粒の赤玉土を入れます。量は、鉢の4分の1程度。その上から1で準備したネルソルをスプーンで入れていきます。ネルソルの前に多肉植物用の土を入れてもOK。中心を高く盛り上がるようにすると、よりかわいい寄せ植えに。

ワンポイントアドバイス
＊

ネルソルのみにすると、固まりすぎて、水やりなどの管理が難しい場合も。ネルソルの管理が難しいと感じたら、細粒の鹿沼土など、細かめの砂を混ぜると固まりすぎないのでおすすめです。

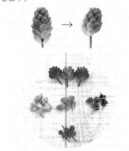

一度にたくさんカットしたり、1個ずつカットするのではなく、1種類の苗を5個くらいずつカットしましょう。挿すときにスムーズ且つバランスよく配置できます。

セダムを挿す工程中に、ネルソルが沈むことも。ネルソルを入れるときは、鉢をトントンと落として、空気を抜きながら、スプーンで押し込むように形を整えましょう。

4
大きいセダムを挿す
✳

2の手順でカットしたセダムを、いよいよ
ネルソルに挿していきます。この時、斜め
にならないよう、ネルソルの表面に対し
て垂直になるよう挿すのがポイントで
す。まず最初に、虹の玉、オーロラ、乙女
心など、粒が大きめの種類から偏らない
ように挿します。

5
小さいセダムを挿して
隙間を埋める
✳

隙間に小さい種類のセダムを挿していき
ます。バランスの良い寄せ植えにするた
めに、1種類を5個くらい植えたら種類を
変えるのがポイントです。手順2→5→2
→5と、カットを繰り返しながら、大体の
隙間がなくなるまで挿していきましょう。

6
高さ調節・隙間埋め
✳

最後にピンセットを使って高さの調整を
します。横から見た時に全体の高さが揃
うように意識しましょう。小さい隙間があ
る場合は、アクレやステフコなどのより小
さいセダムを使い、ネルソルが見えない
ように埋めてください。隙間がなくなるま
で挿せば、完成です。

ワンポイントアドバイス
✳

欲張って詰めすぎると、セダムがつ
ぶれたり埋もれたりしてしまいます。
セダムひとつひとつの顔を見をせるこ
とを意識して挿しましょう。

もっとかわいい寄せ植えにする方法
✳

①鉢の種類（→p.44）は様々です。使
用する鉢の雰囲気に合った色のセダ
ムを使ってみましょう。

②カラフルな寄せ植えにするために、
より多くの色（種類）のセダムを使って
みましょう。

③セダムを選ぶとき、カラフルにした
いときは補色を、カラーテーマを決め
るときは近似色を参考にしましょう。

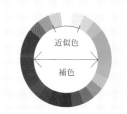

基本を押さえたら、次は応用編。
立てかけたり壁にかけたりできるリースを使えば、ちまちま寄せの幅がぐっと広がります。

1
乾燥水苔を、水でふやかす

乾燥水苔を4～5倍量の水に浸します。5分ほど置くと、水苔が水を含んでふわっとふくらんできます。30分ほど置いて、完全に戻るのを待ちましょう。

2
下に水苔を、上に土を敷いて湿らせる

1の手順で水で戻した水苔を一度手で絞り、リースの底にたっぷり敷いていきます。その上から土を敷き、水をかけて全体を湿らせましょう。立てかけないで飾る場合は、ネルソルのような固まる土ではなく、多肉植物用の土や鹿沼土細粒を使用します。

3
基本の手順でセダムを挿していく

土台が完成したら、あとは基本の手順と同じです。リースの形をきれいに出すために、リースの枠からはみ出さないよう輪郭を意識しながらセダムを挿しましょう。

用意するもの

＊

①リース土台：写真はアルファベット状ですが、もちろん円形の土台でもOK。大きければ大きいほど寄せ植えに時間がかかるので注意が必要です。

②乾燥水苔：水にふやかして使用します。麻布、ココヤシファイバーを使ってもOK。

ワンポイントアドバイス

＊

水苔は、側面まで隙間なく埋めましょう。隙間があると土がこぼれてしまいます。

輪郭の整った色鮮やかなリース寄せ

リース寄せでは、リースの輪郭がぼやけてしまわないよう、はみ出さないように寄せることがポイントです。水苔を敷くことで通気性、水はけ、水もちが良く、鮮やかな色彩を長く楽しむことができるでしょう。

ちまちま寄せアレンジ 2 ＜サボちま寄せ＞

ひと味違うちまちま寄せをつくってみたい！
そんな時は、サボテンを使ったサボちま寄せをしてみましょう。

1
サボテンを配置する
✳

バランスを考えてサボテンを挿します。高さがあるサボテンは後ろに置くと、正面から見た時に見栄えが良くなります。

2
セダムを挿す
✳

サボテンのトゲに注意しながら、ちまちま寄せ基本の手順に従ってセダムを挿していきます。

3
デコレーション
✳

ナチュラルな雰囲気を出すために、グリーンネックレスや、ココヤシファイバーを使って飾り付けをしてみましょう。ピンセットを使うと簡単です。グリーンネックレスを使う際は、根が残るようにカットしたものを、根が見えないように埋めましょう。

用意するもの
✳

①サボテン：寄せ植えにぴったりのミニサボテンです。ホームセンターや園芸店はもちろん、100円ショップでも出会えます。

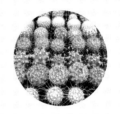

②手袋：ガーデニング用の手袋がない場合は、ゴム手袋でも大丈夫です。素手だと危ないので必ず手袋をつけましょう。

ワンポイントアドバイス
✳

ココヤシファイバーを入れるとより雰囲気がアップします。全体的に入れる場合は、サボテン・セダムを寄せる前に鉢を囲むように置き、ピンセットで押し込みましょう。部分的に入れる場合は、半分ほど土の表面が埋まってから、入れましょう。

アクセントが加わり、一味違うちまちま寄せに

サボテンの質感に合わせ、グリーンネックレスやココヤシファイバーをアクセントとして加えました。サボテンの存在感もさることながら、セダムの鮮やかさも際立つよう、サボテンは最後列に配置することがポイントです。

鉢の種類

ちまちま寄せの中でもよく使用される器を紹介します。
材質により水分の乾き具合や蒸れ具合が変わってきます。選ぶ際には、管理方法も踏まえましょう。

素焼き鉢

缶

最もメジャーな器かもしれません。高温で焼かれた素焼き鉢には、目には見えない小さな穴がたくさん開いており、通気性、吸水性、排水性に優れています。まさに、乾燥を好む多肉植物にはぴったりです。かわいくリメイクされた素焼き鉢は、塗料やニスによって穴が塞がっているため、作家さんから購入する際は、注意事項を確認しましょう。

ちまちま寄せに使う缶といえば、市販のバケツやブリキのガーデニング雑貨をイメージされる方が多いかもしれません。しかし、ツナ缶やサバ缶などの家庭ゴミとして捨てられがちな空き缶も、リメイク缶の素材として人気です。缶には底穴があいてないことがあるので、作家さんから購入する際は、注意事項を確認しましょう。

リース

ウッドプランター

モルタル

リースの魅力はやはり、つりド
げたり立てかけたりできるとこ
ろでしょう。ワイヤーリースに
寄せるときは、底に水苔、麻布、
ココヤシファイバーなど通気性
が良いものを敷きます。寄せ植
えを立てて飾る場合は、土がこ
ぼれないよう、ネルソルを使用
しましょう。

木製のプランターは缶や鉢な
どに比べると温度変化が少な
く、夏の暑さや冬の寒さに強い
といわれています。また、木は
呼吸をするので蒸れる心配も
少ないです。ただ、ガーデニン
グ用ではない木製雑貨を使う
場合は、日光や水に耐えられる
よう、防腐処理をしてから使い
ましょう。

アンティーク感たっぷりの、自
由な造形が特徴の器たち。これ
らは全て、モルタルで出来てい
ます。モルタルは、形、大きさに
とらわれず自由に整形できる、
とても魅力的な素材です。屋外
での管理にも向いており、雨ざ
らしでも平気なのが心強いで
すが、通気性はないのでしっか
り底穴が開いていないと蒸れ
てしまう原因となります。

「多肉植物＝インテリア」というイメージがあるかもしれませんが、
セダムに限らず多肉植物は基本的に屋外で育てます。

1
日当たりがよい

多肉植物の原産地のほとんどが、メキシコをはじめとする中南米の熱帯地域です。つまり多肉植物は、暖かく乾燥した気候を好みます。よく日の当たる屋外に置きましょう。ただし、夏の強い日差しは蒸れや焦げの原因になるため、遮光ネットなどで遮光するのが良いでしょう。

2
風通しがよい

多肉植物は基本的に丈夫で育てやすい植物ですが、湿気に弱いため、風通しの良い場所に置きましょう。いつまでも土が乾かないような湿気のある場所に置いてしまうと、根腐れの原因にもなります。

3
屋根がある

湿気に弱い多肉植物は、日本のじめじめとした雨にも弱い種類が多いとされています。雨ざらしでも問題ない種類もありますが、寄せ植えの場合は雨に当たらない場所に置くのが良いでしょう。

ワンポイントアドバイス
＊

セダムには日本原産種と洋種があります。洋種は、寒さに弱いので冬の氷点下になるような日は屋内に入れましょう。日本原産種は、寒さ・暑さに強いので寒冷地でも外に置いたり地植えにしたりしても大丈夫です。

日本原産種　タイトゴメ

洋種　ビアホップ

「スパルタ管理」と呼ばれる、雨や夏の暑さ、冬の寒さにもぎりぎりまで耐えさせる方法により、紅葉がより綺麗になるともいわれています。
暑さにも寒さにも弱い品種は、特に寒い日には室内に入れたり、不織布で覆うなどの対策が必要です。夏の暑さ対策には遮光や扇風機で風を送ることも有効です。

屋根があり日当たりの良いベランダ

屋外の風通しの良い場所に置かれており、屋根が
あるので雨に濡れる心配もありません。屋根のあ
る場所では、なるべく日陰にならないよう、日光を
たっぷり浴びせることがポイントです。

×

湿気が多く風通しの悪い洗面台

洗面台やキッチンなどの水回りに寄せ植えを飾る
ことは、おすすめできません。湿気で根腐れの原因
となってしまいます。十分に換気がされていても、
窓が少なく日当たりが悪い洗面台では、すぐに徒長
（→p.50）してしまうでしょう。

セダムを長持ちさせるためには、水やりが大切です。

多肉植物はお世話がいらないイメージがあるかもしれませんが、セダムはお水が大好きな植物です。

1
3日に1回くらいのペースで

水やりを毎日する必要はありません。季節や天候にもよりますが、土が完全に乾いて、葉に少し張りがなくなったときが、水をあげるタイミングです。平均すると、3日に1回くらい。葉に張りがあるなら、水が足りている目印です。

多肉の管理や水やりについては、住んでいる地域、家の立地、置き場所の方角、土地環境、さらにはライフスタイルなどにもよって変わってくるので一概には言えません。最初のうちは失敗しながら、経験を積んで自分に合った管理方法を探していくものです。失敗しても諦めないで。

2
とにかくたっぷり

多肉植物の葉には水分が多く含まれているため、水やりが足りていないと、しわや色褪せの原因になります。鉢の底から染み出してくるくらい、たっぷりのお水をあげましょう。特に、ネルソルを使った寄せ植えの場合は水を吸収しづらいため、多めにあげることをおすすめします。

3
はじめは霧吹きやシャワーで

寄せたばかりの時はネルソルが固まりきっていないため、勢いよく水をあげると崩れてしまいます。初めのうちは霧吹きや柔らかめのシャワーなどでそっと水やりをしましょう。ネルソルが固まったら、じょうろやシャワーを使って上からたっぷりのお水をあげてください。

ネルソルはすぐに固まりません。水を混ぜているため、完全に水分が抜けて固まるまで数日かかるでしょう。寄せてすぐの水やりは、折角整えた寄せ植えが、崩れたり沈んだりしてしまう原因になりかねません。

水が足りているセダム（ダシフィルム マジョール→p.95）
葉にはハリがあり鮮やかな緑色。水やりは必要はありません。

水を欲しているセダム（ダシフィルム マジョール→p.95）
葉はしわしわで、土も乾ききっています。

水が足りている寄せ植え
葉に張りとボリュームがあり、色も鮮やかです。

水を欲している寄せ植え
葉がしぼんで、1つ1つが小さく見えます。

寄せ植えのお手入れ　＜仕立て直し＞

寄せ植えをしたけど、気づいたらボサボサに・・・。そんな時は、思い切って仕立て直しましょう。
お手入れをすることで、より愛着が湧いてきます。

枯れてしまったとき

ちまちま寄せは基本的に根がない状態
で植えます。そのことで、中には残念なが
ら上手く根付かずに枯れてしまう場合
も。そんな時は、枯れてしまった葉をピン
セットで引き抜いて、新しい葉を挿しま
しょう。放置せず、こまめに様子を観察し
ていくことが大切です。

隙間ができてしまったとき

上手く根付くと、セダムが大きく育ち、隙
間ができてしまうことも。そんな時は隙
間に新しいセダムを挿しましょう。ネルソ
ルがガチガチに固まっているときは、挿
すのが難しいので、水をあげて柔らかく
し、爪楊枝や先のとがったピンセットで
穴をあけながら挿すのがおすすめです。

徒長してしまったとき

セダムをはじめ、多肉植物には「徒長」と
いう状態になってしまうことがあります。
この場合、ハサミでカットするのではなく、
思い切って根から抜いてしまいましょう。
抜いたところに、新しい苗を寄せたほう
が見栄えが良く、可愛くなります。

用意するもの
＊

①ピンセット：細かい隙間にセダムを
挿したり、高さを調整するのに使います。
②新しいセダム苗：隙間や元々のセダ
ムを抜いたあとに挿します。

ワンポイントアドバイス
＊

ちまちま寄せでは葉同士が密接にくっ
ついているため、蒸れた部分から傷ん
でいってしまうことがあります。風通し
の良い場所で管理しつつ、傷んでし
まった葉があればピンセットで取り除
きましょう。

徒長とは、植物全般の栽培において、
茎が細く長く、伸びすぎてしまうことを
いいます。徒長してしまうと、茎と葉の
隙間が大きくなり、寄せ植えの見栄え
も悪くなってしまいます。セダムの場
合、日光が足りずに徒長してしまうこと
がほとんどです。日光が十分な場合
は、水分や栄養の不足を疑ってみま
しょう。

仕立て直し前：隙間が目立ちます。成長したセダムがある一方で、
萎れてしまったセダムがあるためです。

→

仕立て直し後：萎れてしまった部分は取り除き、隙間に新しくセダム
を寄せました。隙間がなくなり、元のボリュームが戻ってきました。

寄せ植え直後：みずみずしく、張りがあります。寄せたばかりなので
当然ですが、色も鮮やかです。

→

1ヵ月後：蒸れて傷んでしまっている葉や、萎れてしまった葉があり
ます。仕立て直せば、元の美しい寄せ植えに戻ります。

日本でセダムが買えるお店を紹介します。
ネット通販でも購入できますが、お店で実物を見ながら選ぶのも、楽しい時間です。

多肉植物の品揃えバツグン

セダムからエケベリアまで、多肉全般の品揃えが豊富な
フラワーショップです。多肉植物担当の通称『多肉のお兄
さん』が、優しく楽しく説明やオススメ商品を教えてくれ
ます。

松本フラワーセンター
長野県松本市笹賀神戸7218
営業時間＝8:30〜17:30
定休日：なし
☎ 0263-86-2883
Instagram：@matsumotoflower2

唯一無二のセダム直売所

セダムに特化し、生産と販売を行っている有名店。種類が
とても豊富で、発色のいい苗が揃っています。ビニールハ
ウス一面に敷き詰められたセダムは、まさに圧巻です。

いちかわふぁーむ直売所
静岡県浜松市浜北区尾野2714
営業時間＝9:00〜11:00、13:00〜15:00
定休日：不定休（Instagram参照）
Instagram：@ichikawafarm

600種類以上の品揃えが圧巻

エケベリア、セダム、ユーフォルビアなどの生産販売をしている多肉専門店。6棟のハウスを所有しており、育成過程の見学もできます。鉢などの雑貨も取り扱いあり。

タナベフラワー
神奈川県川崎市宮前区馬絹6-25-8
営業時間＝9:00〜16:00
定休日：不定休
☎ 044-877-5852
Instagram：@tanabe_flower

セダムの品揃えは東京随一

多肉植物の管理がとても行き届いており、セダムの品揃えは、東京都下随一。寄せ植えを作りたいときはまずここへ行く、という人も多いお店です。

ガーデンメッセ
東京都八王子市北野町592-1
営業時間＝10:00〜17:00
定休日：なし
☎ 042-660-1225
Instagram：@garden_messe

道の駅にある地域密着型の園芸店

道の駅にある園芸店。多肉専門の輸入生産販売店です。
春秋年2回のビザールファームフェスは、豪華な出店ライ
ンナップで毎回大盛況！ 近日中に、同県鴻巣市に第二販
売棟ビザールパークがオープンします。

ビザールファーム
埼玉県比企郡吉見町久保田1737
営業時間＝8:00～17:00
定休日：なし
☎ 090-2433-6530
Instagram: @bizarre_farm

一度は訪ねたい「ザワフェス」主催店

草花、園芸資材全般に取り扱っているお店。エケベリア界
で大人気の、おらいさん、優木園さんなどで生産された苗
を販売しています。年2回のイベント「ザワフェス」は、多
肉好きなら一度は行ってみたい、魅力いっぱいのイベント
です。

四国造園
茨城県稲敷郡阿見町阿見5183
営業時間＝1～2月 9:00～17:30、3～12月 9:00～18:00
定休日：不定休
☎ 029-887-1973
Instagram: @shikokuzouen

植物園のような楽しい店内

洗練されたディスプレイがとにかくオシャレなお店。多肉、サボテン、草花にエアープランツなどの人気種が勢ぞろいです。ガーデニング欲が刺激される雑貨も豊富に取り扱っています。

the Farm UNIVERSAL CHIBA
千葉県千葉市稲毛区長沼原町731-17 フレスポ稲毛 センターコート内
営業時間＝10：00〜18：00（季節により変動）
定休日：不定休
☎ 043-497-4187
http://the-farm.jp/chiba/

まるで絵本の中のような世界観

細部までこだわったインテリアが特徴的な園芸ショップ。多肉植物はもちろん、かわいい鉢やモルタル造形作品も販売しており、ますます寄せ植えが楽しくなりそうなグッズが揃っています。

庭の雑貨屋Aruru
和歌山県和歌山市野崎116-5
営業時間＝10：30〜17：30
定休日：月・火曜日
☎ 090-8388-3286
Instagram：@niwanozakkaya

ワークショップって、なんだかちょっと行きにくい・・・、
そんなあなたも絶対に行きたくなる、ワークショップに行くメリットを紹介します。

1. 種類豊富なセダム

ご自宅でたくさんのセダムを揃えるのって大変ですよね。でもワークショップなら、20種類ほどのセダムを自由に使うことができます。私のワークショップでは基本的にバイキング形式で、使いたいものをお好みでカットしていただきますが、セダムの名前や特徴、アドバイスなどもお伝えしています。全員が同じセダムの中から作っていても、完成作品は十人十色。完成後の作品の集合写真は圧巻です!

2. 聞きたいことがすぐに聞ける

これこそ、ワークショップに行かないとできないことでしょう。「ネルソルはこれくらいですか?」「ここには何を入れたらいいですか?」など、その場でしか聞けないことがたくさんあります。また、ちまちま寄せは隙間をなくすまで完成しません。最後の隙間チェック、お直しなどもワークショップでは受けられます。

3. ひとりじゃない! みんなでわいわい

ワークショップの楽しさはやはり、みんなと作業できる楽しさです。おひとり様参加の方が多く、初めて会った人と話をする良い機会にもなるでしょう。ワークショップがきっかけで、仲良しタニ友(多肉植物つながりの友達)になった方も。同じ趣味を持つ友だちができることで、多肉ライフがさらに充実したものになります。また、集中力が必要なちまちま作業も、みんなでやれば楽しさ倍増です。

ワークショップの様子

みんなの寄せ植え

Instagramで募集した、素敵なちまちま寄せの写真を紹介します。
個性あふれる寄せ植えの数々・・・皆さんも参考にしてみてはいかがでしょうか。

1

2

ちまちま部門

1：@mami.hinatabocco　セダムのカラー配置、粒の選び方、高さのバランスが美しい。鉢の雰囲気にもすごく合っています。

2：@jun.poo　リメ缶と同系色でシックな雰囲気に。ブルーに囲まれたスプリングワンダーが印象的です。

3　　　　　　　　　　　　4　　　　　　　　　　　　5

6　　　　　　　　　　　　7　　　　　　　　　　　　8

3：@zero__moon　ポイントに使われているプレビフォリウムなどのバランスが絶妙。反対にちまちま部分はきれいにまとまっていて美しい作品。

4：@mm_uugi　鉢に合わせて、高さを出さずにまとめているところが素晴らしいです。美味しそう！

5：@toshi_062　キウイデザインのグリーンカラーにとてもよく合った色づかい。高さも丸みもバッチリです。

6：@nicotaro228　ブルーのフタ付缶に合わせたカラフルなちまちま寄せ。ポイントにピンクと赤を使っているのが素晴らしいです。

7：@junko_sugar2222　色合い、高さのまとまり、粒の揃い方、全てが完璧。The ちまちま、といった感じの作品です。

8：@ktktk029　ふんわりした雰囲気のかわいい寄せ植えです。グリーンネックレスがポイントになっています。

1

2

3

4

5

6

アイディア部門

1：@ozco70　ジャンクなギターアンプに植えるという斬新さ！アンプがダークな中にカラフルなちまちまというギャップが素晴らしいです。

2：@ishiguroikue　かっこいい雰囲気のカッティングボードにセダムがよく映えています。穴が開いていないところに植えているのは、まさに技あり。

3：@chiaki.adc　割れ鉢を使った個性的な作品。エケベリアの間のちまちまも割れ部分のちまちまも柔らかい色合いでとてもかわいい寄せ植えです。

4：@mido_tan　ハリネズミにはつんつんとした虹の玉、羊には姫秀麗でふんわりと。あえて1種類だけの寄せ植えにすることで、かわいさが増しています。

5：@kumapad　虹をイメージして配置したというハイセンスなちまちま寄せ。虹以外の部分とのメリハリも綺麗です。

6：@stem.fk　器自体にセダムを植え込むという素敵すぎる発想。器そのものの変化も楽しめるという、まさに"生きた器"です。

1

2

3

4

5

6

ワイルド部門

1：@c_.ta29　人気の高い、でも管理が少し難しいパープルヘイズの理想形です。ボリューム感も紅葉具合もとても素敵！ 紅稚児も良いアクセントに。

2：@rinriku3110　錆びアイロンと、木立ちした乙女心の暴れ具合が芸術的な作品です。足元のグリーンネックレスの配置も絶妙です。

3：@nanon2929　これこそちまちま寄せの醍醐味。愛情をかけて管理してあげると見ることができる、なんともいえない味のある姿です。

4：@orange21159　一切の手直し無し、というこの自由な暴れっぷり。多肉の生命力を感じる作品です。元気をもらえます。

5：@kozuuun_4151　圧巻のセダム畑です。まるで小人が住んでいるかのような、メルヘンな世界観。小物使いも素晴らしいです。

6：@naomi_ta29　姫秀麗のピンク×ブルー系で統一された、魅力的な世界観。まるで物語の1ページのよう。

第3章

セダムの育て方

この章では、セダムの育て方を紹介します。ちまちま寄せをしていると、セダムの苗ひとつひとつにも愛着が湧いてきますよね。セダムを知ることで、ちまちま寄せはもっと楽しくなるはずです。

セダムの魅力

セダムは多肉植物の中でも人気の種類です。

その人気の秘密と魅力について、ご紹介します。これを読めば、もっとセダムが好きになるはず。

1. 色合いが美しいセダムの葉

自然界のものだけで作ったものとは思えないような、鮮やかな色のセダム。夏は元気に、冬は色鮮やかに、健気にたくましく生きるセダムが、それぞれの季節によって様々な顔を見せてくれます。セダムの生命力をみていると、元気をもらえること間違いなしです。

2. 丈夫で、初心者にも育てやすい

セダムは多肉植物のなかでも、育てやすいほうだといわれています。荒れた土地でも一生懸命に栄養を蓄えるセダムは、日本でも道路の脇に生えていたりするほど丈夫です。園芸初心者でも、ポイントを押さえれば、枯らしてしまうこともないでしょう。

3. 簡単に増やせる

セダムの魅力はなんといっても、その生命力です。葉や茎から新しく芽がでるため、簡単に増やすことができます。1つの苗から増やしてずっと大切に育てることができるのです。セダムの増やし方はいくつかありますが、どれも簡単で特別な道具がいらないため、お気に入りのセダムを見つけたら是非チャレンジしてみてください。

セダムを育てよう

ここでは、よりセダムについて知ってもらうために、セダムの生態や特徴について紹介します。
寄せ植えや、寄せ植え前の苗の管理に役立ててください。

セダムの一年

	12月	1月	2月	3月	4月	5月	6月	7月	8月	9月	10月	11月
場所	0℃を下回る場合 日当たりの良い屋内			日当たりの良い屋外				蒸れ・焦げに注意		日当たりの良い屋外		
水やり	あげすぎ注意			土が乾いたらたっぷり				あげすぎ注意		土が乾いたらたっぷり		
その他	凍結注意			植え替え・葉挿し・株分けなど				根腐れ注意		植え替え・葉挿し・株分けなど		
葉色	紅葉			グリーン								

※地域差があります。

セダムの紅葉

セダムには、寒くなると紅葉する種類があります。最も美しく紅葉するのは1～3月にかけて。寒さに耐えるようぎゅっと引き締まった葉が、紅葉します。より綺麗に紅葉させるためには、水をあげすぎないこと、よく日光に当てることが大切です。

紅葉前 → 紅葉後

土の選び方

セダムは痩せた土地にも自生する植物です。どんな土でも育てられますが、高温多湿に弱いため、水はけのよい多肉植物専用の土を購入すると良いでしょう。赤玉土や鹿沼土など、ホームセンターで手に入るものでも大丈夫です。

水やり

セダムの葉は多くの水分で膨らんでいます。お世話をさぼって水をあげないと、どんどん萎んでボリュームのないセダムに育ってしまうでしょう。水やりのポイントは、「土が乾いたらたっぷりと」です。

植え替え

セダムは育てやすさのあまり、あっという間に増えていきます。放置しすぎると、根詰まりや根腐れを起こしてしまうため、鉢全体に根がまわったら、株分け(→p.69)を行うか、地植えに変えましょう。植え替えの時期は、春先がおススメです。

セダムを増やそう

お気に入りのセダムが見つかったら、セダムを増やしてみましょう。
セダムは生命力が強いため、簡単に増やすことができます。

セダムを増やすのは春か秋

多肉植物には様々な増やし方がありますが、セダムの場合は基本的に「挿し木」「葉挿し」「株分け」の3通りで増やすことができます。春秋型のセダムは夏の暑さに弱いため、寒さに強い種類は3〜5月、寒さに弱い種類は4〜6月を目安に増やすとよいでしょう。

寒さに強い（パリダムなど）　　　寒さに弱い（スプリングワンダーなど）

挿し木

茎がしっかりと太い、元気なものを選び、先端から3〜5cmほどのところでカットします。そのうち、下の1〜2cmは葉をもぎとり、茎だけの状態にしましょう。新しい土に挿してあげれば、根が出て新たにセダムが増えていきます。

ワンポイントアドバイス
＊

セダムは高温多湿に弱いため、夏に増やすのはおすすめできません。また、増やす際に使う土は赤玉土など、水はけのよいものを選びましょう。

セダムは花を咲かせます。そのあと、地上部が枯れてしまうことがほとんどですが、根は生きているのでご安心を。枯れた茎はカットして整理しましょう。蕾の時点でカットしてしまえば、枯れるのは防ぐことができます。

挿し木をする土は、肥料の少ないものを選んでください。また、セダムは葉からも水分を吸収します。根が出る前であっても、水やりをしましょう。

葉挿し

セダムの増やし方で最も簡単なのが、この葉挿しです。ちまちま寄せや挿し木などでもぎ取った、もしくは取れてしまった葉の1枚1枚を土の上においておけば、そこから根が出てきます。セダムの生命力の強さがうかがえる増やし方です。

ワンポイントアドバイス

＊

ちぎれていたり、傷がついてしまっている葉は、葉挿しに適していません。綺麗で張りのある葉を選びましょう。

×

株分け

セダムの株ごと分けて増やすのが、株分けです。セダムを鉢に植えていると、成長して根が鉢全体にまわります。根から引き抜き、いくつかの塊に分けて別々の鉢に植えることで、また新たにセダムが増えていきます。

伸びすぎた根や枯れた葉は、株分けの際に切りましょう。また、鹿沼土などに花用の培養土を混ぜたものに植えると、よく根付きます。

第4章

セダム図鑑

セダムとは、ベンケイソウ科マンネングサ属の多肉植物です。海外では日本よりも認知度が高く、品種改良が進んでいます。種類が豊富なセダムですが、海外から輸入されていることが多いため、和名がついていなかったり、別名がいくつもあったりと、お店で選ぶときに困ることも多いでしょう。この章では、セダムの人気種について特徴を紹介します。ぜひ、お気に入りのセダムを見つけてみてください。

注：セダムは外来種が多いため、日本では名称が定まっていないものや、別名が複数あり、正式な種名には諸説ある場合があります。今回は、より一般的な流通名を採用しました。また、紅葉後の色味については、育て方や環境によって異なる場合があります。

名称　　　　　夏期の様子　　　　　解説

赤いセダム界 No.1！
虹の玉
Sedum rubrotinctum

育てやすさ	●●●
暑さ耐性	●●●●
寒さ耐性	❄❄
価格	¥
大きさ	Medium

冬になるとつやつやとした赤色に紅葉する品種。その赤さはセダムのなかでもとくに際立つため、ちまちま寄せには欠かせない品種といえる。大きい粒をポイントで使ってもいいが、小さめの粒を多めに散らしたほうが、全体的に鮮やかに見える。丈夫で育てやすく、大きく育てると黄色く小さい花が咲く。

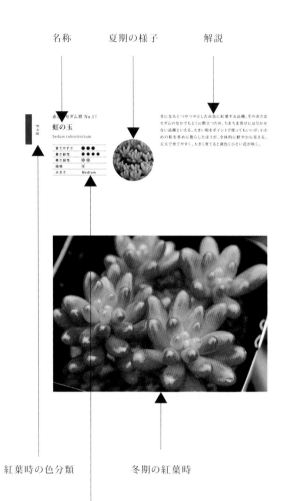

紅葉時の色分類　　　　　冬期の紅葉時

育てやすさ	●	数が多いほど、育てやすい
暑さ耐性	●	数が多いほど、暑さに強い
寒さ耐性	❄	数が多いほど、寒さに強い
価格	¥	数が少ないほど、安価で手に入る
大きさ	Large	ちまちま寄せ用のカット後の大きさ

赤さはセダム界 No.1！

虹の玉

Sedum rubrotinctum

育てやすさ	● ● ●
暑さ耐性	✴ ✴ ✴ ✴
寒さ耐性	❄ ❄
価格	¥
大きさ	Medium

冬になるとつやつやとした赤色に紅葉する品種。その赤さは
セダムのなかでもとくに際立つため、ちまちま寄せには欠かせ
ない品種といえる。大きい粒をポイントで使ってもいいが、小さ
めの粒を多めに散らしたほうが、全体的に鮮やかに見える。
丈夫で育てやすく、大きく育てると黄色く小さい花が咲く。

ちまちま寄せにぴったり!

レッドベリー

Sedum rubrotinctum "Red Berry"

育てやすさ	✿ ✿ ✿
暑さ耐性	✻ ✻ ✻
寒さ耐性	❄ ❄
価格	¥ ¥
大きさ	Medium

ゼリーのようにつやつやでかわいらしいレッドベリー。紅葉すると虹の玉(→p.72)よりも濃い赤になる。管理によっては茶色っぽくなることもある。植えてから1年以上時間が経つと、綺麗な赤になることが多いが、肥料が多いと色づきにくい。粒が小さく、ちまちま寄せに使いやすい品種といえる。

Red

ねじねじ伸びる

サクサグラレモスグリーン

Sedum sexangulare "Moss Green"

育てやすさ	❋❋❋❋
暑さ耐性	❋❋❋
寒さ耐性	❋❋❋
価格	¥
大きさ	Small

ヨーロッパを中心に分布する品種。夏場は明るい緑色
だが、紅葉すると鮮やかな赤色に染まる。葉は3〜
6mmほどの大きさで6枚ずつ交互に伸びていく。葉が
しっかりしているため、隙間埋めに最適といえるだろ
う。略して「サクサグラレ」という名称で流通することも
ある。

日本産セダム

タイトゴメ

Sedum japonicum ssp. oryzifolium

育てやすさ	❋❋❋❋
暑さ耐性	❋❋❋
寒さ耐性	❋❋❋❋
価格	¥
大きさ	Medium

海沿いの岩場に生息する日本原産種。茎も葉もしっか
りしているのでちまちま寄せの際に挿しやすく欠かせ
ない存在だ。紅葉後は葉先から赤く色づく。黄色に色
づく斑入り種(→p.94)も人気。黄色い花を咲かせるの
がタイトゴメであり、白い花を咲かせる白花タイトゴメ
はヨーロッパ原産のアルブム種といわれている。

グランドカバーとしても使われる

森村万年草

Sedum japonicum f. morimura

育てやすさ	❀ ❀ ❀ ❀
暑さ耐性	❀ ❀
寒さ耐性	❄ ❄ ❄
価格	¥
大きさ	Small

メキシコ万年草の仲間の品種。繁殖力が強く、日向でも日陰でもよく育つが、過湿に弱いため水はけのよい土に植え、水やりは土が完全に乾いているときのみで良い。5～6月にかけて黄色い花を咲かせる。葉先は大きめで、紅葉するとオレンジ～真っ赤になる。グランウドカバー*に使われることもある。

*グランドカバー　文字通り、地面を覆うこと。芝生のように庭に植えることはもちろん、近年では壁や屋根、屋上などの緑化に使われることも増えている。

黒っぽく紅葉する

アルブム ブラックベリー

Sedum album "Black Berry"

育てやすさ	❀ ❀ ❀ ❀
暑さ耐性	❀ ❀ ❀
寒さ耐性	❄ ❄ ❄
価格	¥
大きさ	Medium

名前の通り紅葉すると黒味が強い赤色になる。コーラルカーペット（→下）に似ている。シックなイメージの寄せ植えに入れると、全体が引き締まって見えるのでおすすめ。

珊瑚の絨毯

アルブム コーラルカーペット

Sedum album "Coral carpet"

育てやすさ	❀ ❀ ❀ ❀
暑さ耐性	❀ ❀ ❀
寒さ耐性	❄ ❄ ❄
価格	¥
大きさ	Medium

コーラルカーペットはサンゴの絨毯という意味。その名前の通り、夏は緑、紅葉すると赤くなる。茎もしっかりしていて寒さにも強いので、寄せ植えでの管理もしやすい。地植えでとてもよく増える。「六条万年草」の名前でも流通している。

ジェリービーンズのように紅葉する

アルブム ファロフォーム

Sedum album "Faro Form"

育てやすさ	❀❀
暑さ耐性	❀❀
寒さ耐性	❄❄❄
価格	¥
大きさ	Small

小さくつぶつぶした ジェリービーンズのような葉が特徴
で、紅葉すると写真の通り真っ赤になる。一つ一つがと
ても小さいため、仕上げの隙間埋めに最適。地植えの
ほうが、紅葉時に色が出やすい。

存在感大きめ

アルブム ヒレブランティ

Sedum album "Hillebrandtii"

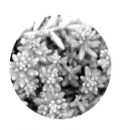

育てやすさ	❀❀❀❀
暑さ耐性	❀❀❀
寒さ耐性	❄❄❄
価格	¥
大きさ	Medium

コーラルカーペットの仲間だが、コーラルカーペットに
比べて全体的に大きめで存在感がある。紅葉すると全
体的に渋い赤になる。

赤い茎でカラフルな印象に

ステフコ

Sedum stefco

育てやすさ	❀ ❀
暑さ耐性	❀ ❀
寒さ耐性	❄ ❄ ❄
価格	¥
大きさ	Small

ブルガリアなど、ヨーロッパ東部原産の品種。葉肉がつぶつぶと小さく、茎が赤いのが特徴。寒くなると葉まで真っ赤に紅葉する。隙間を埋めるのにも使えて全体的にカラフルな印象になる。やや暑さに弱いので、夏は半日陰で管理し過乾燥に注意する。

ドラゴンの血のような赤

フェディムス ドラゴンズブラッド

Phedimus spurius "Dragons Blood"

育てやすさ	❀❀❀❀
暑さ耐性	❀❀❀
寒さ耐性	❄❄❄
価格	￥
大きさ	Medium

形や性質はトリカラーと同じで、どちらもコーカサスキリンソウ（Sedum spurium）を園芸用に品種改良したもの。しっかり日に当てることで、「ドラゴンの血」という名前が付くほど濃く渋いワインレッドに染まる。冬期は葉が落ちて枝だけになるが、春には節々から芽が出る。

ちまちま寄せに使えるエケベリア

プロリフィカ

Echeveria prolifica

育てやすさ	❀ ❀ ❀
暑さ耐性	❀ ❀ ❀
寒さ耐性	❄ ❄ ❄
価格	￥ ￥
大きさ	Medium

存在感のあるエケベリア*だが、ほわっと優しいピンクなのでちまちま寄せに入れると全体的に柔らかい雰囲気になる。小さな脇芽がたくさん出てくる。母体は前述の通り大きく存在感があるので、脇芽のサイズ感がちまちまにはちょうど良いかもしれない。元々はセダム属の「プロリフェラ」として流通していた。

*エケベリア 美しいロゼットを形成し、比較的育てやすいことで知られるメキシコ原産の多肉植物。大きさは大小さまざまだが、セダムより大きいものがほとんど。

まるでバラのよう

スプリングワンダー

Sedum versadense f. chontalense

育てやすさ	❀ ❀
暑さ耐性	❀ ❀
寒さ耐性	❄
価格	¥ ¥
大きさ	Medium

メキシコに自生する原種。葉は肉厚で、紅葉するとライムグリーン～ピンクのグラデーションが美しい。暑さに弱く、夏はだらっと伸びてしまうが、紅葉時のロゼット*は大人気。寄せ植えに使うには紅葉後がおすすめ。葉挿し(→p.69)がしやすいが、氷点下にさらすと凍みてしまうので注意が必要。

*ロゼット　葉が、放射状に広がる花のような形になることを指す。多肉植物では、エケベリアやセンペルビヴム、アロエやアガベ、ハオルチアなどに代表される。

鮮やかなピンク色が特徴

フェディムス トリカラー

Phedimus spurius "Tricolor"

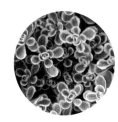

育てやすさ	✿ ✿ ✿
暑さ耐性	✿ ✿ ✿
寒さ耐性	❄ ❄ ❄
価格	￥
大きさ	Medium

夏は葉が伸びて大きくなってしまうが、紅葉時期になると中央がキュッとバラのようになる。紅葉すると、名前の通り緑、白、ピンクの3色になる。外側がビビッドなピンクに染まるため、寄せ植えのアクセントに使いたい。しっかり日に当てることで、赤みが強くなる。

虹の玉の姉妹、ピンクに染まる

オーロラ

Sedum rubrotinctum "Aurora"

育てやすさ	❀ ❀ ❀
暑さ耐性	❀ ❀
寒さ耐性	❅ ❅
価格	¥ ¥
大きさ	Large

虹の玉の斑入り*品種。真っ赤に紅葉する虹の玉に比べ、ピンクに色づく。特に、乾燥させると蛍光色のような鮮やかなピンク色になる。葉にうっすらと筋が入っており、紅葉していない時期でも虹の玉より淡い色に見える。虹の玉同様、初心者にも育てやすいが、斑入りなので少し弱い。

*斑入り　植物において、元々単色のはずが外的、遺伝的要因などによって多色になってしまったもののこと。多肉植物では葉に模様や別色の筋などが入っているものを指す。

人気種の交配で生まれたサラブレッド

ワンダワンダー

Sedum "Wonder Wonder"

育てやすさ	✿ ✿
暑さ耐性	✿ ✿
寒さ耐性	❄ ❄
価格	¥ ¥ ¥
大きさ	Medium

スプリングワンダー(→p.81)と天使の雫(→p.103)の交配種。葉はスプリングワンダーのように幅広いが、天使の雫のぷくぷく感は残っている。紅葉すると、雰囲気のあるビンテージピンクになる。新種のため詳細はまだ不明だが、スプリングワンダーと同じく、夏の暑さや蒸れに弱いため注意が必要。

乙女のようにぽっと色づく

乙女心

Sedum pachyphyllum

育てやすさ	✿✿
暑さ耐性	✸✸✸
寒さ耐性	❄❄
価格	￥￥
大きさ	Large

ほっぺのように先だけぽっとピンクになることから、乙女心という和名が付けられた人気品種。年月や肥料の具合などにより、色合いや葉のかたちが随分変わってくる。ちまちま寄せに向いているのはぷくっと丸く、葉と葉の間がない小さめのもの。虹の玉、オーロラに似ているが、葉挿しはできない。

Pink

パリダムそっくり！？
ヒスパニクム
Sedum hispanicum

育てやすさ	❀ ❀ ❀
暑さ耐性	❀ ❀ ❀
寒さ耐性	❄ ❄ ❄
価格	¥
大きさ	Small

パリダム（→p.88）とよく間違えられる品種。冬になると、きれいなピンク色に紅葉する。風通しの良い場所を好み、湿気が多いところで育てると根腐れの原因となるため注意が必要。寒さに強く、初心者でも育てやすい。色、大きさともに、ちまちま寄せにとても向いている。

天の川のような白い花が特徴
ミルキーウェイ
Sedum diffusum "Milky Way"

育てやすさ	❀ ❀ ❀
暑さ耐性	❀ ❀
寒さ耐性	❄ ❄ ❄
価格	¥
大きさ	Medium

紅葉時には全体がかわいいピンクに染まる。地を這うように小さな葉を伸ばし、天の川（Milky Way）を思わせる白い星のような花が咲くことから、ミルキーウェイの愛称で親しまれるようになった。

ピンク色に染まるレアな品種

ピンクベリー

Sedum "Pink Berry"

育てやすさ	❀ ❀
暑さ耐性	❀ ❀
寒さ耐性	❆ ❆
価格	¥ ¥
大きさ	Large

紅葉すると名前の通り葉の先がピンク色に染まる。葉は肉厚で、ひとつひとつがしっかりしている。レアな品種で、お店で見かけることは稀かもしれない。

ミルキーウェイよりも少し大きめ

ポトシナム

Sedum diffusum "potosinum"

育てやすさ	❀ ❀ ❀
暑さ耐性	❀ ❀
寒さ耐性	❆ ❆ ❆
価格	¥
大きさ	Medium

メキシコ原産のセダム。初夏に白い花を咲かせる点などミルキーウェイと類似しているが、ミルキーウェイよりも葉が大きい。夏場は灰色がかった緑色で、ピンク色に紅葉する。ミルキーウェイと混同されたり、ポトシウム、ポスティムなどの名前で流通することがある。

Pink

かわいいピンク色に染まる

パリダム、斑入りパリダム

Sedum pallidum

育てやすさ	❀❀❀
暑さ耐性	❀❀❀
寒さ耐性	❄❄❄
価格	¥
大きさ	Small

紅葉すると鮮やかなピンク色になる。葉が細長いタイプだが、冬は頭がコロンと丸くなるので冬のちまちま寄せでは大活躍。黄色い花が多いセダムのなかで、白い花を咲かせる比較的珍しい種。丈夫で育ちやすく、地面に這うように伸びるためグランドカバー向きのセダムとされている。日光が大好きなので日の当たる場所に置き、水は土が乾いてからたっぷりあげてよい。葉をカットし、土に挿しておくだけで簡単に増やすことができる。

ピンクに染まる美しいロゼット

ペレスデラロサエ

Sedum perezdelarosae

育てやすさ	❀ ❀
暑さ耐性	❀ ❀
寒さ耐性	❀ ❀
価格	￥ ￥ ￥
大きさ	Large

エケベリアのような、美しいロゼットが特徴の品種。紅葉すると、葉先がピンクに染まり一段ときれいに。ランナーで増え、葉挿しもしやすい。流通量が少なめでレアな品種。ちまちま寄せに入れると高級感アップ。

薄ピンク色に美しく染まる

姫秋麗（グラプトペタラム）
<ruby>姫秋麗<rt>ひめしゅうれい</rt></ruby>

Graptopetalum mendozae

育てやすさ	❀❀
暑さ耐性	❀❀
寒さ耐性	❅❅
価格	¥¥
大きさ	Medium

セダムではなくグラプトペタラム*の一種。葉挿しがしやすく、紅葉すると、綺麗な薄ピンクになる。葉は厚くしっかりして見えるが、少しの力でポロポロと葉が落ちてしまう。霜に当てないよう、注意が必要。「姫秀麗」、「姫愁麗」などの名前でも流通しており、大小さまざまな大きさが販売されている。

＊グラプトペタラム　ベンケイソウ科グラプトペタラム属の多肉植物のこと。セダムと同じようにロゼットを形成し、寄せ植えによく使われる。

名前の由来は「小さいお嬢さん」

リトルミッシー（クラッスラ）

Crassula pellucida ssp. marginalis

育てやすさ	❀ ❀
暑さ耐性	❀ ❀
寒さ耐性	❄ ❄
価格	¥
大きさ	Medium

かわいらしく小さい見た目からセダムと間違えられることも多いが、クラッスラ*の一種。紅葉すると、小さな葉ひとつひとつをピンクのステッチで彩ったような姿になる、人気の品種だ。這うように伸び、垂れ下がるタイプなので、寄せ植えのポイントとして使うと良い。グランドカバーにも使える。霜に当てないよう、注意が必要。

＊クラッスラ　ベンケイソウ科クラッスラ属の多肉植物のこと。3cm程度の小さな種から、数メートルまで成長する大きな種まで様々である。

黄色い花のよう

ゴールデンカーペット

Sedum japonicum f. morimurae "Golden carpet"

育てやすさ	❀ ❀ ❀
暑さ耐性	❀ ❀ ❀
寒さ耐性	❅ ❅ ❅
価格	¥
大きさ	Small

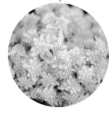

黄色い小さい花のような葉先で、一面に植えるとまさに黄金の絨毯のよう。鮮やかな黄色なので寄せ植えに入れると一気に明るくなる。「オーレウス」「ゴールドモス」「黄金細葉万年草」などの名前で流通しているものと見分けがつかないことも。

星のような小さく黄色い葉が特徴

ドリームスター

Sedum japonicum f. morimura "Dream Star"

育てやすさ	❀ ❀ ❀
暑さ耐性	❀ ❀ ❀
寒さ耐性	❅ ❅ ❅
価格	¥
大きさ	Small

屋上緑化にもよく使用される森村万年草の黄葉品種。黄色く細かい葉を茂らせるため、ちまちま寄せでは隙間埋めに最適。ゴールデンカーペットに類似しているが、ドリームスターのほうが色が濃く日差しにも強いとされている。

グラデーションが美しい

アルブム ベッラ デ インヴェルノ

Sedum album "Bella d'Inverno"

育てやすさ	✿ ✿ ✿
暑さ耐性	❋ ❋ ❋
寒さ耐性	❄ ❄ ❄
価格	¥ ¥
大きさ	Medium

コーラルカーペットなどと同じ形質で、紅葉すると中央
が黄色〜オレンジ〜赤のグラデーションになる品種。
寒さにとても強い。名前の「ベッラ デ インヴェルノ」は
「美しい冬」という意味で、冬になると美しく紅葉する
ことから名づけられたと考えられる。

隙間埋めに最適

アクレ エレガンス

Sedum acre "Elegans"

育てやすさ	✿ ✿ ✿
暑さ耐性	❋ ❋ ❋
寒さ耐性	❄ ❄ ❄
価格	¥
大きさ	Small

細長い形状で葉先が明るい黄色になる。薄い緑色の葉
が群れる様子はまさにエレガンス。一本一本がとても
細いにも関わらず茎がしっかりしているので、寄せ植え
の際は仕上げの隙間埋めに使うのが良い。

緑のグラデーションが美しい

斑入りタイトゴメ
ふ い

Sedum oryzifolium f. variegata

育てやすさ	❀ ❀ ❀
暑さ耐性	✳ ✳ ✳
寒さ耐性	❄ ❄ ❄
価格	¥ ¥
大きさ	Medium

タイトゴメ(→p.74)の斑入り種。紅葉前でも緑色と黄緑色のグラデーションが美しく、ちまちま寄せでも良いアクセントに。紅葉すると全体が黄色く染まり、さらに鮮やかなグラデーションを楽しむことができる。紅葉が進むと、オレンジ～ピンクのグラデーションを見せてくれることも。

寄せ植えには欠かせない色合い

ダシフィルム マジョール

Sedum dasyphyllum "Major"

育てやすさ	❀ ❀ ❀
暑さ耐性	❀ ❀
寒さ耐性	❆ ❆ ❆
価格	￥ ￥
大きさ	Medium

アフリカ北部などに自生するダシフィルムの仲間。夏場は緑色だが、冬にはうっすらと青みがかったピンクに色づく。丈夫で育てやすいが、日当たりが足りないと徒長（→p.52）してしまうので注意が必要。5〜6月にかけて株一面の花を咲かせる。その後枯れてしまった茎はカットして整える。

実はセダムではない

ブル・ビーン（グラプト・ペタラム）

Graptopetalum pachyphyllum "Blue Bean"

育てやすさ	✽ ✽
暑さ耐性	✽ ✽
寒さ耐性	❄ ❄
価格	¥ ¥
大きさ	Medium

こちらもセダムのように見えるが、グラプトペタラムの一種。一粒一粒は、名前の通り青い豆のような見た目をしている。寒くなると、紫がかった青になる。葉先が焦げたように赤いのが特徴。ちまちま寄せに使うと、リッチな雰囲気になる。セダムとして流通していることもある。セダムと同じように、高温多湿が苦手なので夏場の管理に注意が必要。

セダムには珍しいブルー系カラー！

ダシフィルム

Sedum dasyphyllum

育てやすさ	❀ ❀ ❀
暑さ耐性	❀ ❀
寒さ耐性	❀ ❀ ❀
価格	¥
大きさ	Small

初夏に淡いピンク色の花を咲かせ、紅葉すると青く染まる。頭のサイズが小さいので隙間を埋めるのに使いやすい。ぎゅっと締まったロゼットは寄せ植え全体をかわいらしい印象にしてくれるだろう。高温多湿にやや弱いので、注意が必要。

大きいロゼットが特徴

グラウコフィフム

Sedum glaucophyllum

育てやすさ	❁ ❁ ❁
暑さ耐性	❁ ❁ ❁
寒さ耐性	❁ ❁ ❁
価格	￥
大きさ	Medium

夏場は灰色がかった緑色だが、紅葉すると赤と紫が混じったグラデーションが美しい品種。葉先がタンポポの花弁のようにロゼット状になる。ひとつひとつは大きめなので、使うときはバランスを考えて。

シックな紫色が美しい

ヒスパニカム プルプレア

Sedum hispanicum "Purpurea"

育てやすさ	❁ ❁ ❁
暑さ耐性	❁ ❁ ❁
寒さ耐性	❁ ❁ ❁
価格	￥
大きさ	Medium

紅葉すると暗い紫色になる。葉が細いタイプだが、パリダム（→p.88）やヒスパニクム（→p.86）に比べると葉が長め。花はあまり咲かない。育てる際は乾燥気味にすると良い。

色合い肉厚さで大人気

ダシフィルム パープルヘイズ

Sedum dasyphyllum var. granduliferum "Purple Haze"

育てやすさ	✹ ✹
暑さ耐性	✹ ✹
寒さ耐性	❄ ❄
価格	¥ ¥
大きさ	Medium

ヨーロッパ南西部やアフリカ北部原産。ダシフィルムの仲間だが、葉がムチムチしていて厚みがある。葉がポロポロ取れやすいので、取り扱いには注意が必要。紅葉時には名前の通りピンクがかった紫色に染まり、さわやかな色合いが人気の品種。高温多湿に弱いため、夏は株元の蒸れにも注意。

Purple

びっしり生えた細かい産毛が特徴

ウィンクレリー

Sedum hirsutum var. baeticum

育てやすさ	❀ ❀
暑さ耐性	❀ ❀
寒さ耐性	❀ ❀ ❀
価格	¥
大きさ	Medium

ランナー*が伸びる品種。表面に透明な産毛があり、ベタベタしている。名前は、昔の学名 Sedum hirsutum var. winkleriから由来するもの。現在の学名に由来する、「バエチクム」という通称でも親しまれている。ロゼットは4cmほどまで大きくなるため、ちまちま寄せではたくさんではなく、ポイントで使うのがベター。

＊ランナー　親株から伸びたツルのこと。その先に子株ができ、根を張るという増え方がある。イチゴなどが代表的。

ツル状の多肉植物

ツル万年草

Sedum sarmentosum

育てやすさ	❀ ❀ ❀
暑さ耐性	❀ ❀ ❀
寒さ耐性	❄ ❄ ❄
価格	¥
大きさ	Medium

中国が原産だが日本にも帰化しており、よく道端などに野性的に繁殖している。5～6月にかけて黄色い花を咲かせ、冬場もほとんど色が変化しない。名前の通りツル状に伸びていくため、次第にポットからはみ出て垂れ下がっていく様子も見ることができる。

日本産純和風セダム

ミルクゥージ

Sedum japonicum f. variegata

育てやすさ	❀ ❀ ❀
暑さ耐性	❀ ❀
寒さ耐性	❄ ❄
価格	¥
大きさ	Small

名前の由来は「ミルク ＋ 宇治」。その名の通り、ミルクがかかった抹茶ミルクのようなかわいらしい色合いで、1ポットで様々な色合いが楽しめる。名前が日本語であるのも、日本で品種開発された種だからである。メノマンネングサの斑入り種。

ホップのように垂れ下がる

ビアホップ

Sedum burrito

育てやすさ	❀ ❀
暑さ耐性	❀ ❀ ❀
寒さ耐性	❄
価格	¥
大きさ	Medium

ぷくぷくとした肉厚な葉が特徴的な品種。上に伸びながら倒れていき、長く垂れ下がりながら成長していく。垂れ下がった様子がビールの原料であるホップに似ている。寒さに弱い。マスカットのような明るいライムグリーン。「新玉つづり」という名前で流通することもあるが、葉が細長い形状の「玉つづり」と混同されることもあるため「ビアホップ」と呼ばれる。冬は霜に当てないよう、注意が必要。

フランスからやってきた

アルブム フロムフランス

Sedum album f/France

育てやすさ	❀ ❀ ❀
暑さ耐性	❀ ❀ ❀
寒さ耐性	❀ ❀ ❀
価格	￥
大きさ	Medium

他のアルブム系に比べると葉が肉厚で粒も大きめ。寒さにとても強いが、ほとんど紅葉せず、紅葉しても葉先がフワッと色づく程度。名前の通りフランスに自生する品種。

天使がこぼした雫のようにかわいらしい

天使の雫

Sedum treleasei

育てやすさ	❀ ❀
暑さ耐性	❀ ❀
寒さ耐性	❀ ❀
価格	￥ ￥
大きさ	Medium

粉をまとったタイプの、ぷくぷくとした肉厚な葉がかわいく特徴的。「トレレアセイ」「トレレアシー」などの名前でも流通することがある。霜に弱く、蒸れにも弱いため、セダムの中では育てるのが難しい種であると言える。

103

木の幹のように育つ

ブレビフォリウム

Sedum brevifolium

育てやすさ	● ● ●
暑さ耐性	✹ ✹
寒さ耐性	❄ ❄ ❄
価格	¥
大きさ	Medium

白粉がかかったような葉が特徴で、古株は木立ち*する。初夏に白い花を咲かせ、冬になると漆く青みがかったピンク色になる。ぷちぷちとした小さくて丸い葉がちまちま寄せをかわいらしい印象にしてくれるだろう。「そよ風の天使」いう名前で流通することもある。

＊木立ち　園芸用語で、木の幹のように太く育つ性質のこと。

104

まるで粉雪がふりかかったよう

粉雪

Sedum oaxacanum

育てやすさ	✿ ✿
暑さ耐性	✳ ✳
寒さ耐性	❄ ❄
価格	¥
大きさ	Medium

メキシコ南部原産の品種で、這うように育つ。光沢がなく、葉は7mm前後に成長する。夏場はほかのセダム同様に緑色で、黄色い花を咲かせる。冬は葉先が赤く染まるのに加え、粉雪がかかったように白っぽくなる。

Q & A

ワークショップでよく聞かれる質問や、インスタグラムで募集した質問をまとめました。

Q. 2〜3種類でも寄せ植えはできますか？

A. 種類をたくさん集めるにはお金も時間もかかってしまいますよね。ちまちま寄せは2〜3種類でももちろんつくれます。同系色のセダムを選んでも良いですし、反対色を集めてもかわいいです。器に合わせて選んでみてください。

姫秀麗、マジョール、パープルヘイズの3種類でつくったちまちま寄せ。あしらいにはアクレエレガンスを使用。

Q. 寄せ植え後、セダムが伸びてきてしまいました・・・。

A. 季節にもよりますが、しっかりお日さまに当てていれば数カ月は目立った伸び方はしません。伸びてしまった場合は、徒長の可能性があるので日当たりの良い場所に移しましょう。伸びて気になるセダムはカットしてください。カットした上の部分も、別の寄せ植えに使ったり鉢で育てたりすることができます。

寄せ植えをしてから6カ月経過したもの。このような伸び方は徒長ではありませんが、気になる場合はカットしましょう。

Q. ネルソルの管理がうまくできません・・・。

水やりの頻度は基本的に3日に1回。季節や環境により変わりますので、日々の観察が一番大切です。

A. とにかく水を頻繁にあげることを意識しましょう。ネルソルの表面が乾いたら水をあげますが、完全にネルソルの水分がなくなってしまうと、逆に水を吸いにくくなってしまいます。壁にかけたり横にしないのであれば、ネルソルに鹿沼土などを混ぜたり、表面だけをネルソルにすると管理しやすいと思います。

Q. ポロポロとれてしまう葉を挿す方コツは?

取れてしまった葉も、土に撒いておけば根が出てきます。このような生命力の強さも、セダムの魅力のひとつです。

A. ピンセットよりも素手の方が、葉が取れにくい場合もあります。葉っぱをそっと持って挿す。茎がしっかりしていれば挿しやすいので、余計なところを触らずにすみます。また、パープルヘイズは古株や地植えなど、根がしっかり張っているものは葉が落ちづらいです。

おわりに

今私がこのような原稿を書いていること、少し前の自分では1ミリも想像できません。
私が多肉植物に初めて出会ったのは、まだ6年ほど前。マイホームを建てたのをきっかけに、ガーデニングの参考にとインスタグラムを始め、そこで出会ったのが多肉でした。まず惹かれた理由は、お花じゃないのにこんなにも彩り鮮やかな植物があるんだ！という感動。そこからインスタの中でタニ友（多肉友だち）も増えていき、多肉の沼にどっぷりつかっていきました。

ちまちま寄せを知ったのも、インスタの中でした。そのかわいさに一瞬でトリコに。自分でも作りたい！と思い、初めてのちまちま寄せに使ったのは、ハッピーセットのおまけだったひつじのショーンでした。それが2015年6月のこと。そこで ＃ショーン寄せ というタグを作ったことでたくさんの反響があり、とてもうれしかったことを覚えています。
それから、たくさんの方に教えてほしいという声をいただき、はじめはただの趣味だったものから、勤務していた仕事を辞め多肉一本でいく決意をするまでになりました。

今、インスタをスクロールして振り返ってみると、私がこうしてワークショップの講師でいられること、ちまちま寄せやセダムの魅力を伝えることができていることは、たくさんの方々のおかげなんだと改めて感じています。そして、多肉を通して生まれたたくさんの出会いや繋がりに、本当に感謝でいっぱいです。
最後に、この本を出版するにあたりお力添えと励ましをいただいた全てのみなさま、心より感謝申し上げます。

この本を読んでくれたあなたと、どこかでお会いできることを楽しみにしています。　MAi

Special thanks

design & crafts POTS / M'S JUNK / NITORO JUNK FACTORY /Ochoboo Succulent Patisserie / blanca / Natsumi / 株式会社加藤数物 / Leaf Garden / Amy's k / Yumi.K / 3miles TARA / k.clair ~ケークレール~ kazu / Beans club /アトリエ Miyu / buchi / PUKUPUKU / Kurumi Succulents / まーぶる / VERT mai / botan.29 / eri / naho / Jewel Garden / ikura / ★ozco☆ / かおるん / ＊vanilla-days＊ / おぶ太郎

掲載している情報は、2020年5月現在のものです。店舗情報につきましては、今後営業時間や定休日が変更する可能性がございますので、お店のウェブサイトやInstagramをご確認ください。セダムの生育や品種に関しましては諸説ありますが、多肉植物の生産農家さんへの取材をもとに制作しております。

取材協力 ：いちかわふぁーむ　にじはな
撮影協力 ：松本フラワーセンター　＠kinako_029　吉坂包装株式会社
イラスト ：よしいちひろ（pp.46,47,48）
デザイン ：宮田裕美詠　柿本萌 ／ ストライド
印刷・製本 ：シナノ書籍印刷

MAi

Instagram：@000mai000　多肉植物との出会いをきっかけに、仕事を辞めて寄せ植えに専念。現在ではInstagramを中心に作品を掲載し、セダムを使った「＃ちまちま寄せ」で人気を集める。投稿される美しい寄せ植えには、5000件以上の「いいね！」がつくことも。全国で行われている人気ワークショップでは、講師を担当。長野県安曇野市在住。

美しいセダムの寄せ植え

2020年8月12日　　初版第1刷発行
2022年7月21日　　　　第4刷発行

著者： MAi
発行者： 澤井聖一
発行所： 株式会社エクスナレッジ
〒106-0032　東京都港区六本木7-2-26
https://www.xknowledge.co.jp/

問い合わせ先：
編集　TEL.03-3403-1381　FAX.03-3403-1345　info@xknowledge.co.jp
販売　TEL.03-3403-1321　FAX.03-3403-1829